Andrea Ade

Fatigue

MS-Gefährte

Gedanken und Gedichte

BoD™
BOOKS on DEMAND

über das Schreiben

du setzt Flöhe in mein Ohr
die über Tisch und Bänke toben
und ohne euch
da wäre mein Leben ganz schön leer!

ein weiterer Schritt

Fatigue geht immer weiter
sie bleibt nicht stehen
um sich mal
nach uns umzudrehen

Deshalb gibt es ein weiteres Buch
voller Gedanken, die versuchen
diesen Zustand zu erklären
Einblick geben sollen
in *ein Gefängnis*
Querschnitte der Gedanken
vermitteln und
mühseliges Erleben erzählen

Innerlich wie gelähmt
kann das *äußerlich*
niemand begreifen

doch
wen sollte das schon
interessieren?

12. Oktober 2017

Bibliografische Information der Deutschen National-bibliothek:
Die Deutsche Nationalbibliothek verzeichnet diese Publikation in der Deutschen Nationalbibliografie; detaillierte bibliografische Daten sind im Internet über http://dnb.dnb.de abrufbar.

Herstellung und Verlag: BoD – Books on Demand, Norderstedt

ISBN: 978-3-8423-4904-9

Tag X

Auf einmal steht die Krankheit im Vordergrund.

An diesen Tag können wir uns wohl alle erinnern. Die Diagnose steht und irgendwann gehen wir nach Hause, in unser altes Leben zurück. Aber nichts ist mehr, wie es war. Wo fängt man an, wie weit will man gehen, denn irgendwo muss man das erst selber mal verstehen.

Das Umfeld, sprich Familie und die Freunde, was wird denn mit dem Job? Sollte man die Wahrheit sagen? Fragen über Fragen und du weißt selbst nicht, wo du stehst.

Die Krankheit mit den tausend Gesichtern, das ist alles was du weißt. *„Da gibt es Hoffnung"*, also nichts zu schnell erzählen. *„Manche können sehr gut damit leben"*, da machst du auf der Arbeit erst mal keinen Stress. So suchst du dir vereinzelt Menschen, denen du dich anvertraust, denn dein neues Leben ist auf Glauben und Vertrauen aufgebaut.

Wie schlimm ist diese Situation – du bist befallen, die Krankheit hat dich kalt erwischt – und am allerschlimmsten ist, du kannst auf keinen bauen. Noch nicht einmal auf dich.........

Grenzenlos FATIGUE geschädigt

Schau dich an
du bist schon alt
und bald noch älter
hast damit kein Problem
mit Anstand Altern
das kann jeder sehen

Was andere NICHT sehen,
dass ist dein Problem.
Die Unfähigkeit,
im Leben Schritt zu halten,
überfordert allen Dingen standzuhalten,
seit Jahren geht das nun schon so
und niemand sieht das so wie du!!!!!

Das ist, was Schicksal von dir will
und du hältst immer wieder still.
Sagst immer NEIN zu allem
was man von dir so fordert,
schließlich bist du auch so geordert
vom Leben und dem Sein
doch den Sinn zu finden,
in diesem Zustand,

es könnte nicht schwerer sein.

Dein Weg kann doch nicht nur noch ein großes NEIN sein!!!!

.... wohl doch

und trotzdem steckt in jedem Tag ein neuer Anfang.

Nur wer aufgibt, will verlieren!

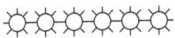

Den Katakomben entflohen
entdeckst du dich
stehst plötzlich da
verrückst dein Licht.
Die alten Schienen
wollen dich nicht mehr
du quietscht auf ihnen

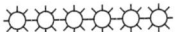

Fatigue im Krieg

Du bist raus!

Verabscheust Mitleid
und die eigene Wehmut
willst du auch nicht sehen

Bist einfach raus
aus dieser Nummer
die da „Leben" heißt
doch selbst du
gibst es nicht zu
immer noch nicht
nach all den Jahren
das eigene Licht zu sehen

Warum ist das so schwer?
Verwachsen im Verwünschen
weben diese Fäden
nur weiteres Elend
in den Fall

Scheitern ist ab jetzt erlaubt ...

Der Brief an die Freundin

Wenn du mich anrufen würdest
was würde ich dir erzählen
Endlich mal die Wahrheit
oder doch viel lieber lachen
Quatsch und Unsinn machen (labern)
freuen über viel Gemeinsamkeiten

Oder sollte ich mal die Wahrheit sprechen
ganze halbe Seiten sind oft lahm
die Schädeldecke fühlt sich auch nicht mehr
von Nervenenden sensibilisiert + strapaziert
schaffe ich zudem auch gar nichts mehr
oder zumindest nur noch wenig und/oder
liege ganze Tage flach ...
und da geht noch mehr ☺

Doch ich brauche nicht darüber nachzudenken
du rufst ja nicht mehr an ...

ᗢ ᗢ ᗢ ᗢ ᗢ

Antwort von der Freundin

Du sagst, du kannst nicht mehr
und hast dich so verändert.
Du jaulst und willst mein Mitgefühl
Verlangst du da nicht etwas viel?
Heute musst du jammern
doch morgen fährst du Fahrrad
Und übermorgen fühlst du dich tot
Sagst du …

Kein Wunder denke ich
und rufe dich vielleicht
auch deshalb nicht mehr an …

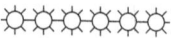

so macht das

habe heute so viel vor
und fühle mich schon jetzt
als hätte ich all' das
hinter mir …
mit der Fatigue im Sack …

Kämpfe für dich

Sprich
über das
was dir wehtut
zeige endlich wie du
bist.
Keine
Kompromisse mehr
die Zeit läuft
...viel hast du nicht
mehr

ᘒᘒᘒᘒᘒ

Mut zur Wahrheit

Gefangen
im eigenen Körper
fühle ich mich
nicht machtlos

aber ängstlich –
fürchte ich weitere Schritte ...

Der neue Weg

Im Feuerschein
verlodert deine Existenz
du siehst ihr zu
und weißt
warum sie brennt
die Nacht
ist grenzenlos erhellt
du stehst ganz nah
am Feuerfeld
der neue Weg
hat seine Spur gelegt
du schlägst in ein
im Feuerschein

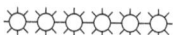

verträumt

wenn Realität entschwebt
in Visionen, schönen Bildern
dann lass bloß zu, dass du dich
darin verwebst ... denn

GUT GETRÄUMT IST HALB GELEBT

im Elfchen-Reigen

Hoffnung beim Kranksein

Wie
ein Insekt
wirst du zertreten
Leben läuft entgegen deinem
Lauf

doch
denken kann
das Leben nicht
eingefahren poliert es blanke
Schienen

aber
wir stehen
nicht nur heute
auf den stumpfen Schienen
Abstellgleis

Sonnenaufgang
ist trotzdem
auch für uns
wir müssen aber selbst
polieren

das Leben ist voller Krankheit
doch wer lacht, hat auch gewonnen
wir brauchen nur noch einen Weg

Dich hätte ich besser niemals kennengelernt

Genau aus diesem Grund
trefft ihr euch hier
in diesem Leben
Welten prallen aufeinander
und das Ziel ist
sich gegenseitig
zu respektieren   ☺

ꔫ ꔫ ꔫ ꔫ ꔫ

Mitschnitt

Ohne dich
finde ich
die Worte
nicht
doch
mit dir
muss ich
schweigen
oder
schweigend
leiden

das Schreiben der "Glücksschrift"

Wenn es etwas gibt
wofür du brennst
was dir Freude bereitet
dafür noch nicht
mal etwas nimmt
sondern nur
dein Innerstes stärkt
weil es Gedanken sortiert
und du weißt
das du hier nie verlierst:

Eine Gabe, die
deine Hoffnung
und Sehnsucht bedient.
Pflege diese Seite
an dir auch wenn
sie keiner kennt.
Fernab der Welt
wirst du hier wieder stark

Das brauchen wir
glückliche Momente

vorbei

Manches
nimmt doch
ein gutes Ende
verrückt genug reicht es
vielleicht

sich
selber zu
verstehen mit Fantasie
den Weg zu gehen
hoffnungsvoll

ein
gutes Ende
was kommt danach
nur noch das blanke
Leben

schade
aber auch
wenn alle wissen
was sie tun müssen
gEGENWART

verrückte Welt

Du legst mich auf Eis
weil du es nicht besser weißt
Ich bin fast erfroren
habe mich aber nie verloren
und was tust du?

Du schaust mir zu
während ich mir begegne
und dabei merke
wie verrückt ich lebe

ᠳᠳᠳᠳᠳ

Alles
im Wandel
so vieles geht
manches will aber nicht
Sitzfleisch

Gemeinschaftsarbeit

Wahnsinnig
diese Stärke
die dich umhüllt
dem Seelenfrieden ihre Hand
hinhält

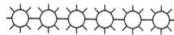

denkbar

Zurückkämpfen
geht nicht.
Eine neue Welt
kreieren
nur für mich?
MACHBAR ...

Grauzonenleben

Grau
der Morgen
grau das Leben
macht Grau auch mal
Blau?

Grau
muss nur
die Lücke finden
malt die dann Blau
VERSPROCHEN!

ᗜᗜᗜᗜᗜ

Ansichtssache

Das kleine Licht
vergibt sich nichts
wenn es nur ganz
schwach leuchtet.
Kräfte sind bemessen
und deshalb leuchtet es
nach eigenem Ermessen
aus Leibeskräften

Glaube nicht alles, was du denkst

Glaube doch mal
was du nicht denkst
und schreibe mal
was du glaubst
oder
denke mal
was du schreibst
und
dann fange an
zu glauben
oder denken

✧✧✧✧✧✧✧

Die
Seele funkelt
nach soviel Jahren
im Salz des Lebens
Unbelehrbarkeit

und trotzdem

hat Jeder
nur eine
Verantwortung
zu tragen:
Die für sich
und das
was einem
wichtig ist.
Mehr
braucht es
NICHT

Schicksal

der Tag sowie die Nacht
haben dich bewacht
wollen dich begleiten
in deinen Einzelheiten.
Gib immer auf dich Acht
denn dein Leben wacht
über dich und deine Zeiten.
So fühle dich bedacht
und lass' dich leiten

Vertrauen

das Positive im Leben sehen?
wie soll das gehen?
Das geht!
du wirst schon sehen!

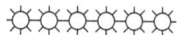

wie fühlt Glück?

es singt und springt
es lacht im Wind
und weht davon
kennt keine Zugstation
nimmt jeden mit
auf diesem Trip
das Lachen winkt
der Glaube bringt
dich näher an dich selbst
du hast dich selbst erhellt!

Alles Gute !

Weite

Wind und Wellen
lassen alles zerschellen.
Zeit zu verschenken
Platz zum Denken
Stille wird weit
Gedanken haben Zeit.
Weit die Leere
hoffnungsvolle Schwere
macht sich breit
und dich bereit.
Weite hat Zeit.
UNENDLICHKEIT

꒰꒰꒰꒰꒰

Strandläufer

Unendlich
nahe Weite
das Meer rauscht
die Gedanken fliegen tief
Strandläufer

Präsenz

das Leben schweißt
doch du spürst keine Nähte
das Leben beißt
in deine Unempfindlichkeit
das Leben reißt
du hörst es gar nicht fallen
das Leben greift
hat dich noch nicht erreicht

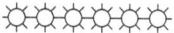

es war die Hoffnung
die noch fehlt
Das Glück
hat sich schon eingelebt

Gedankenwellen

Du fühlst dich
wie ein Schiffchen
treibst hin und her

Willst Anker werfen
auch mal Segel setzen
aber kannst das
alles gar nicht mehr

Nur die Gedanken
laufen springen rennen
und saugen sich
an manchem fest

Zurückgeworfen in
den eigenen Wellen
feiern sie ihr eigenes Fest

nachgedacht

träge Gedanken
wie betrunken schwanken
lustlos atmen
ihr Aus erwarten

Ich
sehe dich
im Schatten sitzen
verzweifelt traurig leer und
weine

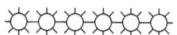

Doch

Der Tag erstrahlt
wirkt wie gemalt
dein Anspruch steigt
DAS ist dein Leid

die Hand an dir

Wenn du vergessen hast
wer du bist
dann frage dich doch mal
wie du warst
bevor du dich ins Negativ gebarst

26

Adieu

die Fantasie ist abgereist
Gedanken liegen jetzt auf Eis
das Kind in dir, es ist gegangen
die Wirklichkeit hat angefangen
stupide schaut der Tag ins Fenster rein
lädt dich zu null acht fünfzehn ein

☂☂☂☂☂

Rückruf

Hallo Welt
hast du das Telefon
heute wieder angestellt
wie ging das nochmal
durstig zu ertrinken
Sinnloses zu verwalten
Gedanken zu erhalten
die jede Hoffnung meiden
Hallo Welt
hast du das Telefon
heute wieder angestellt?

im Selbstbild

Im Rahmen deiner Möglichkeiten
webst du die Fäden
an denen dann
die Marionetten kleben
die du dann
deine Freunde nennst

Doch meilenweit sind sie
von dir entfernt
denn du kannst
keine kurzen Fäden
weben

☼☼☼☼☼☼

Freundschaft hält

und Freundschaft bleibt
sie steht ganz nah bei dir
nichts passt dazwischen
außer wir

kranke Wege - nachgefragt

hast
du Lust
an meiner Seite
einen kranken Weg zu
gehen?

ᕦᕦᕦᕦ

da waren es nur noch ....

Freunde
hat man nicht viele
deshalb geht man mit ihnen
auch weite Wege

Aufgepasst

Wer sich weigert
dich zu verstehen
dem kannst du dich
jederzeit entziehen
Du kannst ihm
Noten geben
für sein Betragen
doch er wird es sicherlich
nicht hinterfragen
Jeder trägt seinen
eigenen Knick im Blick
versteht deshalb
so manches nicht
und treibt davon
aus deinem Leben

So ist das eben ...

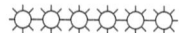

Mitgenommen

in das Land der Traurigkeit
wo die Vergessenen leben
mit ihren verlorenen Seelen
gemeinsam stöhnen

In absoluter Einsamkeit
kann niemand sie da hören
dort ist kein Licht
sie sehen nicht
und trotzdem
klammern sie sich
unendlich elendig
an das Leben

wollen nicht aufgeben...

VORBILDLICH!

ᕊᕊᕊᕊᕊ

ohne Worte

Wenn Einsamkeit verbindet
verschwindet dann die Leere
die man vielleicht niemals gefühlt

auch das Zimmermädchen
wäre so furchtbar gern verrückt
verlässt jedoch ihr Zimmer nicht

Ausharren und Standhalten
heißt noch lange nicht
dass Gedankengut zusammenbricht

Fantasie muss auch nicht reisen
kann sich allein oder mit Stubenfliegen
gedanklich an die schönsten Orte begleiten

wünschen wir uns Glück

trotz und mit Fatigue ☺

Wahrheitsdenken

Bedenken werden weggewischt
du nennst das Kind beim Namen
die Süchte deines Lebens
sind erheblich und vergeblich
willst du sie jeden Tag bekämpfen

Du schaffst es nicht
musst essen trinken denken
und gegen alles kämpfen
denn jeder will dir was...

Früher hattest du gar keine Zeit
über sowas nachzudenken.
Heute kannst du selbst das
nicht mehr richtig lenken

Offene Worte im ehrlichen Gespräch
Hier ist jeder irgendwie Zuhaus!

insam

trotzdem nicht allein
traurig
dennoch glücklich sein
Stillstand
muss doch weitergeh'n
ruhig
wir werden seh'n

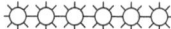

Unwissenheit schützt nicht

Euch alle
habe ich
bedenkenlos
in mein
Leben gelassen.
Nichtwissend!

**Dabei halte ich euch
überhaupt nicht aus!**

schreiben wir

Schreiben wir
über die Freiheit des Blickwinkels
über die Zeit der Verzweiflung
und die des Verstehens

Schreiben wir
über den Zwischen(zu)stand
nirgendwo anlehnen können
denn niemand kann und wird das verstehen

Schreiben wir
über die Zeit des *alleine gehens*
Es geht – doch wie gut geht man damit?

Schreiben wir
über all das!
Wir werden sehen
was wir schreiben
es ist das tiefe Gefühl in uns

– und es stimmt nicht – Niemand ist allein!

ausgebrannt

Jeder Hund hat eine Hütte,
der Verstand nicht mal 'ne Pause........

Vorschlag

aber nicht zur Güte ...

Finde dich,
dann werden dich auch
die anderen finden.

Entschieden

Die Kraft der Gedanken
und die Macht der Gefühle
bestimmen den inneren Frieden

Soso

Negativ will nie was sehen
Alleine denkt, es kann nicht stehen
Leben schreibt das Limit GROSS
Hoffnung lebt hier chancenlos
Still und Dunkel ist die Welt
bis ein Lichtstrahl in sie fällt
Soso

"Ein Licht verschenkt sich"
denkt diese negative Welt
bevor sie von ihrem Thron
herunterfällt

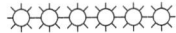

Der beste Mann
kann nichts verstehen
Das Leben ist so schwierig jetzt mit dir
sagt er
Das macht es auch nicht leichter

wie sieht der Verstand
dass mit dem Verstehen?

Warum muss ich
Gedankenlosigkeit verstehen?
warum kann ich
Gefühle sehen
warum spüre ich
die Angst der Andern
und will
auch das verstehen!?
Empathie - und viele sagen
sie hätten keine
dächten nur an sich

- als *Witz des Tages*

Aber es sind meine Menschen
- ich kenne keinen **Anderen**

so ist das
wenn man krank ist
und dabei lacht

wieder alles falsch gemacht

Angst vor Sorgen

Angst vor Morgen
Angst vor Pflichten
Angst vor Freude
Angst sich zu vergeuden
Angst zu weit hinauszuwagen
ängstlich auf den Körper hören
Angst im Nacken
Angstgedanken
ängstlich reden
ängstlich schweigen
ängstlich leiden

die Angst nimmt dir das Leben

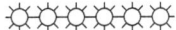

Die
Flügel gestutzt
bist du unfähig
auch nur einen Millimeter
abzuheben

- denkst du –

angedachtes

wie festgefahren
halten wir an Altem fest
wünschen uns
den Zauberlehrling zurück
der niemals Meister
werden wird
zumindest nicht
in DIESEM STÜCK!!!!!!!!!!!!!!

Und eines Tages
stehen Wind
und das Vergessen
vor der Tür.
Vielleicht hat
der Lehrling sie geschickt
in seiner Verzweiflung
weil es ihm nicht glückt …

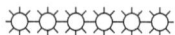

Zwischenlagen

Urlaub
am Baggersee
wie im MRT
Die Beine sind schon
taub

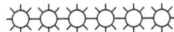

gesehen

du machst dich selber froh
doch sitzt im Nirgendwo
sagst, deine Welt ist rein
machst dich damit so klein.
Hinter vielen Ecken
kannst du dich verstecken
zeig dich doch mal
sag' wie du bist
Auf jeden Fall kein Pessimist .....

zumindest manchmal ☺

Unbequem

Unbequem haut auf den Tisch
schaut dem Gehorsam ins Gesicht
Unbequem kratzt sich am Sack
Unbequem gibt auch mal Lack
ist oft so furchtbar laut
zeigt dem Gehorsam
was er sich nicht traut

Unbequem hat wenig Freunde
Gehorsam füllt damit ganze Räume
doch Unbequem kann gerade gehen
muss sich für gar nichts schämen
höchstens für sein „Unbequem"

☂ ☂ ☂ ☂ ☂

Schwerelos

weiße Leere
Himmelsgrau
Gedankenlos
machst du mal blau

Freiheit

Die Freiheit
steht vor deiner Tür
Alt ist sie geworden
ihr habt euch
lange nicht gesehen
Du bittest sie herein
sie muss sich bücken
denn deine Welt
ist ihr zu klein
Sie setzt sich schnell
und schaut dich fragend an
Du stehst beschämt
in deiner Ecke
und bietest ihr was an.
Sie schüttelt nur den Kopf
nein danke
ich wollte nur mal
nach dir sehen

Schlimm, so eng
wie es hier ist
ich muss jetzt weitergehen

an und für mich (dich)

Die Freiheit sitzt vor deiner Tür
du liegst im Bett und schielst zu ihr
Auch die Traurigkeit ist eingetroffen
sie hilft dir auf und kann nur hoffen
dass du es bis zur Türe schaffst
die Freiheit grüßt und mit ihr lachst
Der Dämon Trübsal muss nun gehen
er weint dabei, denn hier war's schön
Tag ein – Tag aus - wie im gemachten Nest
und jetzt wünscht jeder ihm die Pest
Klänge, die er so nicht kennt
so ist das, wenn man sich verrennt
Mach's gut.... die Freiheit drängt ihn raus
und schnüffelt jetzt im ganzen Haus
Da ist sonst nichts...

Ein bisschen Krankheit,
damit kann man leben!

Musik schallt jetzt durch alle Räume
Verträumte Traurigkeit schwingt in der Matte.
Nichts reimt sich mehr, nach allen Seiten offen
„so ist es gut" - die Freiheit lacht
und kann nur hoffen!!!!!!!!!!

im Blickwinkel

Lachen, Hoffnung und die Freude
sitzen hinter jedem Strauch

hoffentlich siehst du sie auch

ꔿꔿꔿꔿ

zu Dir und Andern

Behalte die Liebe
lass' sie nicht gehen
sie schickt dir Weite
öffnet dein Herz
im Blickwinkel
kannst du dich
immer wiedersehen
Behalte die Liebe
lass' sie bloß nicht gehen

übersetzt

Sei auch mal gut zu dir
nicht immer nur zu andern
denn diese können wandern
„Lebenslang"
steht nur an deiner Tür

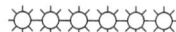

was nie passieren darf
Abschied

die Fantasie ist abgereist
Gedanken liegen jetzt auf Eis
das Kind in dir, es ist gegangen
die Wirklichkeit hat angefangen
stupide schaut der Tag ins Fenster rein
lädt dich zu null acht fünfzehn ein!

Lebensgarten

Es regnet
doch im Herzen
scheint die Sonne

Es ist so kalt
was machst du da
im Garten?

Das Leben spüren
sich einlassen
auf Wachstum
und Vergang

Die Kinder
und deren Kinder
brauchen dich
ein Leben lang

Deshalb gehst du
auch jeden Tag
in deinen Garten
dein ganzes Leben lang

mit Liebe bedacht

Ich jaule nicht
und jammere nicht
schau nur in dein Gesicht
und sag - ich nehme dich
Vielleicht vergeht dir
dann die Lust.
Denn du
willst
ja
nur
Opfer

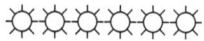

großes Kino

Lehnt euch zurück
im Kinosaal des Lebens.
Geschichten
werden dort verfilmt
und wir sind die Statisten

NEIN

wie wäre es denn
mit einem „ NEIN"
wie wäre es mit
„das kann nicht sein"
wie klingt das
„ich bin ich"
und obendrauf noch
„vergiss das nicht"!

Innehalten

Gedanken dürfen sich entspannen
und in schwerelose Leere fallen :-)

auch mal schön......................

Du gehst

und zwar schön gerade
du gehst nie krumm
- weshalb auch - und warum?

unverwundbar

Du darfst nicht gegen dich kämpfen,
es reicht, wenn es die anderen tun.
Warum sich selbst zerbrechen,
das würden doch lieber die anderen tun.
Gibt dir Stärke, Kraft und Zuversicht,
glaube an dich, suche dir schöne Momente,
finde die bunten Punkte am Horizont,
träum' dich dorthin und wieder zurück.

Da wird der Kopf frei und das reicht,
auch wenn die anderen
dich so gar nicht wollen ...

Ursprünglichkeit

fühlt sich oft einzigartig
unterordnen in einer Hierarchie
wird sie sich sicher niemals nie
Begriffe die ihr den Weg bereiten
Persönlichkeit darf sich nicht spalten

Wenn du denkst

Mutlos am Morgen,
verzweifelt am Mittag,
der Abend wird feucht,
ertränkst deine Sorgen
Die Angst vor dem Leben
weint auch in den Pott.
Eines Tages wirst du wach,
es ist vorbei
Urplötzlich
freut dich die Sonne,
tanzt du im Regen,
zählst nachts die Sterne,
kannst dich kaum erwarten…

Bist du wieder am Leben?

nur

deine Gedanken
sie sind
deine Schranken

Hoffnung

Wenn die Sinne sich berühren
entflieht die Zeit.
Nackt und unberührt
beginnen wir
doch in uns
strahlt die Einzigartigkeit
und jeder von uns
kann sich dessen sicher sein

Lichtermeer der Ewigkeit
das sind wir!

ich du er ... und wir bis sie

Wie groß ist man eigentlich?
Mit Sicherheit niemals klein genug

um sich **nicht** immer wieder selbst zu begießen!

Am Leben wachsen lernen *...*
und die Betonung liegt auf *dürfen*

spürst du die Liebe?

die Liebe zum Leben
die Liebe zu Dir
die Liebe zum Nächsten
selbst die Zukunft
liebäugelt mit ihr
die Liebe reicht dir den Schlüssel
und ginge so gerne neben Dir
Positiv Leben

Stell dich nicht in den Schatten

Die Liebe zum Nächsten sollte die Liebe zu dir niemals überschatten. Damit ist keinem gedient.

denn erst wenn du dich selbst verlässt
bist du wirklich verlassen

MS Weisheiten

die "ganze" halbe Seite lahm
machst du jetzt den *sterbenden Schwan* ...?

die Frage wie sieht Mitleid aus,
bleibt unbeantwortet,
es war noch nie bei dir Zuhaus'

und du bist raus - so sieht das nämlich aus

Du hast MS - man sieht doch nichts
du jammerst nur,
weil du an der Disziplin zerbrichst

deine Freunde richten über dich
doch du verlässt dich deshalb nicht

Wer mir die Fatigue nicht glaubt
der lässt es – das tut's auch

Schalt deine Fantasie mal ab
dann findest du auch wieder Kraft

Was ist mit der Kraft im Geist
der da auch Lebenswille heißt …

staunend

Ich sehe das Licht
wie es sich in mir bricht
wie es mich reflektiert
und ich gefalle mir so nicht
die Ungewissheit stiert
aus lauter Angst stagniert.
Das bin nicht ich
und doch muss ich es glauben
... und das geht gar nicht ...

Immer wieder werde ich gefragt:
„Weißt du eigentlich,
was du da immer schreibst?"
Das ist heftig - auch das auszuhalten
die Welt verurteilt nur zur gerne
trotzdem schreibe ich weiter
denn das ist *meine* Welt
und hilft mir weiter
WOHL NOCH EIN BUCH!

Andrea Ade

Vielen Dank
für das Interesse
an meinen Gedanken
und
ich wünsche Euch
viel Licht auf Euren Wegen

Andrea Ade
www.die-vanga.de